EXTRAITS

DES

LOIS, DÉCRETS

OU DÉCISIONS MINISTÉRIELLES

RELATIFS

1° Aux dispenses de service militaire accordées aux Anciens Élèves
des Écoles nationales d'Arts et Métiers.

2° Au recrutement et à l'avancement des officiers de réserve.

———

Extrait du *Bulletin administratif*, N° 4 (Avril 1893)
de la Société des Anciens Élèves
des Écoles Nationales d'Arts et Métiers.

———

PARIS

IMPRIMERIE ET LIBRAIRIE CENTRALES DES CHEMINS DE FER

IMPRIMERIE CHAIX

SOCIÉTÉ ANONYME AU CAPITAL DE CINQ MILLIONS

Imprimeur de la Société
Rue Bergère, 20
1893

EXTRAITS

DES

LOIS, DÉCRETS

OU DÉCISIONS MINISTÉRIELLES

RELATIFS

1° Aux dispenses de service militaire accordées aux Anciens Élèves
des Écoles nationales d'Arts et Métiers.

2° Au recrutement et à l'avancement des officiers de réserve.

———

Extrait du *Bulletin administratif*, N° 4 (Avril 1893)
de la Société des Anciens Élèves
des Écoles Nationales d'Arts et Métiers.

PARIS

IMPRIMERIE ET LIBRAIRIE CENTRALES DES CHEMINS DE FER

IMPRIMERIE CHAIX

SOCIÉTÉ ANONYME AU CAPITAL DE CINQ MILLIONS

Imprimeur de la Société.

Rue Bergère, 20

1893

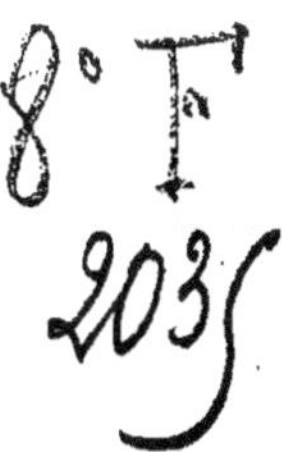

NOTE DU COMITÉ

Le Comité de la Société des Anciens Élèves des Écoles d'Arts et Métiers a été conduit, à la suite de demandes formulées par plusieurs sociétaires, à étudier diverses questions relatives aux dispenses de service militaire actif accordées à certaines catégories d'Anciens Élèves et aux conditions que doivent remplir ces jeunes gens pour être nommés sous-lieutenants de réserve.

Les lois concernant le recrutement de l'armée et la nomination des officiers de réserve contiennent des dispositions très favorables aux Anciens Élèves; il résulte, en effet, de l'examen de ces documents, que ceux de nos jeunes Camarades qui se trouvent classés, en fin d'études, dans les quatre premiers cinquièmes de la liste de mérite de ceux des Élèves qui ont obtenu pour tout le cours de leur scolarité 65 0/0 au moins du total des points que l'on peut obtenir d'après les règlements des Écoles d'Arts et Métiers, ne sont astreints qu'à une année de service militaire actif au lieu de trois (art. 23 de la loi du 15 juillet 1889 sur le recrutement de l'armée).

Le rang de classement et le nombre des élèves ayant obtenu le nombre minimum des points fixés ci-dessus doivent être inscrits sur le brevet délivré à la sortie de l'École et c'est cette pièce qui doit être produite à l'appui de la demande d'engagement volontaire, ou présentée au Conseil de revision après le tirage au sort.

Pendant leur année de service actif, les dispensés qui sont jugés susceptibles de recevoir de l'avancement peuvent être promus au grade de caporal ou de brigadier et avant leur renvoi dans leurs foyers, ceux qui satisfont à un examen de fin d'année reçoivent un certificat d'aptitude au grade de sous-officier.

Au cours de la période d'exercices de quatre semaines à laquelle sont astreints les dispensés avant leur passage dans la réserve, des nominations de sous-officiers peuvent être faites parmi les caporaux ou brigadiers pourvus du certificat d'aptitude.

Pendant leur deuxième année de service dans la réserve, les sous-officiers nommés dans ces conditions et qui désirent concourir pour le grade d'officier de réserve, accomplissent, par devancement d'appel, une période d'instruction pendant laquelle ils subissent un examen technique et sont proposés, s'il y a lieu, pour sous-lieutenants de réserve.

On voit ainsi, d'une part, que toute une catégorie d'Élèves des Écoles d'Arts et Métiers, catégorie que le

Comité de la Société des Anciens Élèves espère voir de plus en plus nombreuse chaque année, est dispensée, de droit, de deux ans de service militaire actif et, d'autre part, que les Anciens Élèves, dispensés ou non, peuvent être nommés sous-lieutenants de réserve quatre ou cinq ans au plus après leur entrée au service.

Cette situation est des plus avantageuses pour nos jeunes Camarades et le Comité, estimant qu'il serait utile de les en instruire exactement, a décidé, dans sa séance du 6 avril 1893, de porter à la connaissance des Élèves sortant de nos Écoles, les extraits des textes de lois, décrets ou décisions ministérielles relatifs aux questions qui viennent d'être exposées.

La présente brochure contient ces extraits et le Comité est persuadé que, connaissant mieux leurs obligations militaires et aussi les avantages que leur confère leur titre d'Anciens Élèves des Écoles d'Arts et Métiers, nos jeunes Camarades pourront plus facilement concilier leur légitime ambition avec l'intérêt supérieur de l'armée qui, elle aussi, s'empressera de puiser largement dans cette pépinière de jeunes gens intelligents, travailleurs et instruits, pour assurer comme il convient le recrutement de ses officiers de réserve.

EXTRAITS

DES

LOIS, DÉCRETS

OU DÉCISIONS MINISTÉRIELLES

1° DISPENSES DE SERVICE MILITAIRE

**Extrait de la loi du 15 juillet 1889,
sur le recrutement de l'armée.**

ART. 23.

En temps de paix, après un an de présence sous les drapeaux, sont envoyés en congé dans leurs foyers, sur leur demande, jusqu'à la date de leur passage dans la réserve :

1° Les jeunes gens qui contractent l'engagement de servir pendant dix ans dans les fonctions de l'instruction publique, dans les institutions nationales des sourds-muets ou des jeunes aveugles, dépendant du ministère de l'intérieur, et y rempliront effectivement un emploi de professeur, de maître-répétiteur ou d'instituteur ;

Les instituteurs laïques ainsi que les novices et membres des congrégations religieuses vouées à l'enseignement et reconnues d'utilité publique qui prennent l'engagement de servir pendant dix ans dans les Écoles françaises d'Orient et d'Afrique subventionnées par le gouvernement français ;

2° Les jeunes gens qui ont obtenu ou qui poursuivent leurs études en vue d'obtenir :

Soit le diplôme de licencié ès lettres, ès sciences, de docteur en droit, de docteur en médecine, de pharmacien de 1re classe, de vétérinaire, ou le titre d'interne des hôpitaux nommé an concours dans une ville où il existe une faculté de médecine ;

Soit le diplôme délivré par l'École des Chartes et l'École des langues orientales vivantes ;

Soit le diplôme supérieur délivré aux élèves externes par l'École des ponts et chaussées, l'École supérieure des mines, l'École du génie maritime ;

Soit le *diplôme supérieur* délivré par l'Institut national agronomique, l'École des haras du Pin aux élèves internes, les Écoles nationales d'agriculture de Grandjouan, de Grignon et de Montpellier, l'École des mines de Saint-Étienne, les Écoles des maîtres ouvriers mineurs d'Alais et de Douai, *les Écoles des Arts et Métiers d'Aix, d'Angers et de Châlons*, l'École des hautes études commerciales, et les Écoles supérieures de commerce reconnues par l'État.

Soit l'un des prix de Rome, soit un prix ou médaille d'État dans les concours annuels de l'École nationale des Beaux-Arts, du Conservatoire de musique et de l'École nationale des Arts décoratifs.

3° Les jeunes gens exerçant les industries d'art qui sont désignés par un jury d'État départemental formé d'ouvriers et de patrons. Le nombre de ces jeunes gens ne pourra, en aucun cas, dépasser un demi pour cent du contingent à incorporer pour trois ans ;

4° Les jeunes gens admis, à titre d'élèves ecclésiastiques, à continuer leurs études en vue d'exercer le ministère dans l'un des cultes reconnus par l'État.

En cas de mobilisation, les étudiants en médecine et en pharmacie et les élèves ecclésiastiques sont versés dans le service de santé.

Tous les jeunes gens énumérés ci-dessus seront rappelés pendant quatre semaines dans le cours de l'année qui précédera leur passage dans la réserve de l'armée active. Ils suivront ensuite le sort de la classe à laquelle ils appartiennent.

Extrait de la loi du 11 novembre 1892 portant modification à l'article 28 de la loi du 15 juillet 1889 sur le recrutement de l'armée.

ART. 28.

Les jeunes gens reçus à l'École polytechnique, à l'École forestière où à l'École centrale des arts et manufactures, qui sont reconnus propres au service militaire, n'y sont définitivement admis qu'à la condition de contracter un engagement volontaire de trois ans pour les deux premières écoles et de quatre ans pour l'École centrale.

Ils sont considérés comme présents sous les drapeaux dans l'armée active pendant tout le temps passé par eux dans lesdites écoles. Ils reçoivent dans ces écoles l'instruction militaire complète et sont à la disposition du ministre de la guerre.

S'ils ne peuvent satisfaire aux examens de sortie, ou s'ils sont renvoyés pour inconduite, ils sont incorporés dans un corps de troupe pour y terminer le temps de service qu'il leur reste à faire.

Les élèves de l'École polytechnique admis dans l'un des services civils recrutés à l'école, ou quittant l'école après avoir satisfait aux examens de sortie sans entrer dans aucun de ces services et les élèves de l'École forestière admis dans l'administration des forêts sont nommés sous-lieutenants de réserve et accomplissent en cette qualité, dans un corps de troupe, leur troisième année de service.

Ceux qui viendraient à quitter le service civil dans lequel ils ont été admis, n'en resteront pas moins soumis aux obligations indiquées par le paragraphe précédent.

Les élèves de l'École centrale des Arts et Manufactures quittant l'école après avoir satisfait aux examens de sortie sont admis à subir des épreuves d'aptitude au grade de sous-lieutenant de réserve déterminées par le ministre de la guerre.

Ceux de ces élèves qui satisfont à ces examens sont nommés

*

sous-lieutenants de réserve et accomplissent, en cette qualité, dans un corps de troupe, leur quatrième année de service.

Ceux qui n'ont pas été jugés susceptibles d'être nommés immédiatement sous-lieutenants de réserve sont incorporés dans un corps de troupe comme simples soldats et accomplissent une année de service. A la fin de cette année de service, ils peuvent être nommés sous-lieutenants de réserve, s'ils satisfont aux conditions d'aptitude fixées par le ministre.

Les jeunes gens qui en sortant de l'École polytechnique, de l'École forestière ou de l'École centrale, ont été nommés sous-lieutenants de réserve, et qui donneraient leur démission avant la fin de l'année de service qu'ils doivent accomplir dans un corps de troupe, n'en resteraient pas moins soumis à toutes les conséquences de l'engagement volontaire de trois ou quatre ans contracté par eux lors de leur entrée à l'école.

. . . .

Extrait du décret du 23 novembre 1889, portant règlement d'administration publique pour l'exécution de l'article 23 de la loi du 15 juillet 1889 sur le recrutement de l'armée.

ARTICLE PREMIER.

Sont, sur leur demande (modèle **A**), envoyés ou maintenus définitivement en congé dans leurs foyers, jusqu'à la date de leur passage dans la réserve, pourvu qu'ils aient une année de présence sous les drapeaux, les jeunes gens qui obtiennent ou qui ont obtenu un des diplômes, titres, prix ou récompenses mentionnés au § 2° de l'article 23 de la loi du 15 juillet 1889, soit avant leur incorporation, soit pendant leur séjour en congé dans leurs foyers dans les divers cas prévus par les articles 21, 22 et 23 de ladite loi.

Les jeunes gens qui ont obtenu avant leur comparution

devant le conseil de revision un de ces diplômes, titres, prix ou récompenses, doivent produire au conseil les pièces officielles constatant cette obtention.

. . . .

ART. 2.

Sont considérés comme pourvus du diplôme supérieur, au point de vue de la dispense du service militaire prévue par l'article 23 de la loi du 15 juillet 1889 :

1° En ce qui concerne l'Institut national agronomique, les soixante élèves français classés, à la sortie, en tête de la liste de mérite pourvu qu'ils aient obtenu, pour tout le cours de leur scolarité, 70 0/0 au moins du total des points que l'on peut obtenir d'après les règlements de ces écoles; il est fait mention sur les diplômes du rang de classement et du nombre de points obtenus par le titulaire.

2° En ce qui concerne les autres écoles du gouvernement dans lesquelles on entre par voie de concours, savoir : l'internat de l'École des haras du Pin, les Écoles nationales d'agriculture du Grandjouan, de Grignon et de Montpellier, l'École des mines de Saint-Étienne, les Écoles des maîtres-ouvriers mineurs d'Alais et de Douai; *les Écoles nationales des Arts et Métiers d'Aix, d'Angers et de Châlons*, ainsi que les Écoles supérieures de commerce reconnues par l'État, se recrutant par voie de concours, les jeunes gens compris dans les quatre premiers cinquièmes de la liste de mérite de ceux des élèves français qui ont obtenu, pour tout le cours de leur scolarité, 65 0/0 au moins du total des points que l'on peut obtenir d'après les règlements de ces écoles ; il est fait mention sur les diplômes du rang de classement et du nombre des élèves français ayant obtenu le nombre minimum des points fixés ci-dessus ;

3° En ce qui concerne les écoles supérieures de Commerce reconnues par l'État se recrutant par voie d'examen, le premier tiers de la liste, par ordre de mérite des élèves français, ayant obtenu, pour tout le cours de leur scolarité, 60 0/0 au moins du total des points que l'on peut obtenir d'après les règlements de ces écoles. Il est fait mention sur les diplômes du rang de classement et du nombre des élèves français ayant obtenu le minimum de points fixés ci-dessus.

Art. 20.

Les élèves des Écoles nationales des Arts et Métiers d'Aix, d'Angers et de Châlons, justifient de leur admission et de leur présence dans ces écoles par des certificats délivrés par le directeur de l'école et visés par le ministre du Commerce.

Art. 35.

Les pièces justificatives que les jeunes gens doivent produire à l'appui de leurs demandes (voir ci-après le modèle de cette demande, modèle A), sont présentées : 1° au conseil de revision; 2° au commandant du bureau de recrutement, avant l'incorporation, si ces pièces n'ont été délivrées qu'après la comparution de l'intéressé. La dispense est prononcée, dans le premier cas, par le conseil de revision et, dans le second cas, par l'autorité militaire, sur le vu desdites pièces justificatives.

Art. 37.

L'année de service imposée aux jeunes gens dispensés en vertu des articles 21, 22 et 23 de la loi du 15 juillet 1889 doit être uniquement consacrée à l'accomplissement de leurs obligations militaires; sous aucun prétexte ils ne pourront être détournés de ces obligations ni recevoir des exemptions de service à l'effet de poursuivre leurs études.

MODÈLE A
Articles 1 et 35 du décret
du 23 novembre 1889.

*Modèle de demande de dispense à déposer par les jeunes gens qui se
trouvent dans les situations déterminées par l'article 23 de la loi du
15 juillet 1889.*

Je soussigné (1)   , né le   18   ,
à   , canton d   dépᵗ d   ,
domicilié à   , résidant à   fils d
                                      et d
domiciliés à   , canton d   ,
département d   , appelé par la loi du 15 juillet 1889 sur le recrutement de l'armée à concourir au tirage
au sort de la classe d   , dans le canton d   ,
département d   , demande à bénéficier de la
dispense prévue par l'article 23 de ladite loi, et dépose à l'appui
de cette demande la pièce ci-jointe (2).

Fait à   , le   18   .

(Signature légalisée.)

(1) Nom et prénoms.
(2) Indiquer la nature de la pièce produite.

**Application de la loi du 11 juillet 1892, modifiant l'article 59
de la loi du 15 juillet 1889, relatif aux engagements volon-
taires avec faculté d'envoi en congé, au bout d'un an de
présence sous les drapeaux.**

Désormais, tous les jeunes gens se trouvant dans l'une quel-
conque des situations indiquées à l'article 23, qu'ils soient en
cours d'études ou déjà diplômés, pourront en contractant un
engagement volontaire, conserver le bénéfice de l'envoi en
congé, sous la condition d'en faire la demande par écrit au
moment où ils s'engagent et de produire, à l'appui de cette
demande, les pièces justificatives qu'ils auraient à présenter au
conseil de revision, après avoir tiré au sort, pour obtenir la
dispense.

Les actes d'engagement devront, conformément aux prescriptions de l'article 8 du décret du 28 septembre 1889, porter

**

mention de ces demandes et des pièces justificatives produites, qui seront annexées à la minute de l'acte.

Ils ne seront reçus qu'à partir du 1ᵉʳ octobre et jusqu'à la date annuellement fixée pour la mise en route de la classe.

Les jeunes gens s'engageront exclusivement pour les régiments d'infanterie, d'artillerie et du génie, désignés par la circulaire de répartition, pour recevoir les hommes du contingent appelés pour un an dans la subdivision où leur famille est légalement domiciliée.

Extrait de la circulaire ministérielle relative au renvoi dans leurs foyers des hommes à libérer en 1892.

. . . .

Seront également envoyés en congé aux mêmes dates (19 septembre 1892 et jours suivants) :

. . . .

Les élèves appartenant soit à l'École normale supérieure, soit aux écoles se recrutant par voie de concours qui ont contracté, avant le 11 novembre 1891 (date de la mise en route de la classe) des engagements de trois ans en réclamant le bénéfice de l'avant-dernier alinéa de l'article 59 de la loi du 15 juillet 1889.. . . . .

. . . .

2° RECRUTEMENT ET AVANCEMENT
DES OFFICIERS DE RÉSERVE

Extrait de la loi du 26 juin 1888 relative au recrutement des sous-lieutenants de réserve de l'armée active, de l'armée territoriale et de sa réserve.

ARTICLE PREMIER.

Pourront être nommés au grade de sous-lieutenant dans le cadre des officiers de réserve, s'ils ont été proposés pour ce grade par leurs chefs directs :

1º Les sous-officiers appartenant par leur âge à la réserve de l'armée active qui satisferont à certaines conditions d'aptitude déterminées par le Ministre de la Guerre.

. . . .

Extrait du décret du 25 juin 1888 portant règlement sur l'avancement des lieutenants et sous-lieutenants de réserve.

ARTICLE PREMIER.

Les sous-lieutenants et lieutenants de réserve de l'infanterie, de la cavalerie, de l'artillerie, du génie et du train des équipages militaires peuvent obtenir de l'avancement jusqu'au grade de capitaine.

. . . .

ART. 6.

Le temps passé dans leurs foyers par les officiers de réserve compte pour l'ancienneté de grade.

. . . .

Extrait de l'Instruction du 2 juillet 1889 pour l'application de la loi du 26 juin 1888 sur le recrutement des sous-lieutenants de réserve de l'armée active, de l'armée territoriale et de sa réserve.

ARTICLE PREMIER.

L'aptitude technique des candidats présentés pour le grade de sous-lieutenant de réserve ou de l'armée territoriale, quelle que soit leur origine, est constatée au moyen d'un examen passé devant une commission spéciale instituée dans chaque corps de troupe de l'armée active, et composée de trois officiers, dont un officier supérieur, président.

. . . .

Art. 2.

Pour chaque arme, l'examen porte exclusivement sur les matières insérées au programme correspondant, annexé à la présente instruction.

Les candidats qui obtiennent une note moyenne, égale ou supérieure à 10, reçoivent un certificat d'aptitude technique et sont seuls proposés par leur chef de corps pour le grade de sous-lieutenant de réserve ou de l'armée territoriale.

Ceux qui échouent aux examens peuvent concourir dans les conditions prescrites par les articles 6, 7, 8 et 10 ci après :

Art. 3.

Les mémoires de proposition accompagnés :
1° D'une feuille individuelle ;
2° Du certificat d'aptitude technique ;
3° De la demande du candidat,
sont transmis au Ministre.

Ils sont renvoyés en temps opportun au général commandant le corps d'armée de la résidence.

Cet officier général fait recueillir les divers renseignements qui, en dehors de la question d'instruction militaire, permettent d'apprécier pour chacun des candidats la convenance de lui confier le grade de sous-lieutenant.

. . . .

Les candidats dont la proposition a été maintenue par les généraux commandant les corps d'armée, ne peuvent être nommés au grade de sous-lieutenant, que lorsqu'ils remplissent les autres conditions respectivement exigées par les articles 1 et 2 de la loi du 20 juin 1888.

Art. 4.

Chaque année, au moment de l'inspection générale, les chefs de corps proposent pour le grade de sous-lieutenant de réserve les sous-officiers qui doivent être renvoyés dans leurs foyers en même temps que la classe, et dont l'aptitude technique a été constatée.

. . . .

ART. 6.

Les sous-officiers qui n'ont pas été proposés pour le grade de sous-lieutenant de réserve au moment de leur renvoi dans leurs foyers, peuvent l'être au cours de leur première période d'instruction, dans les conditions indiquées aux articles 1, 2 et 3 ci-dessus.

Il peuvent, sur leur demande, être autorisés à accomplir cette période d'instruction par devancement d'appel, immédiatement après leur passage dans la réserve.

ART. 7.

Les sous-officiers de réserve peuvent, dans les mêmes conditions, être proposés pour le grade de sous-lieutenant de l'armée territoriale, pendant leur dernière période d'instruction dans la réserve.

ART. 8.

Les sous-officiers de l'armée territoriale peuvent, pendant leur période d'instruction, être proposés pour le grade de sous-lieutenant.

Ils passent l'examen devant la commission du corps actif correspondant, avant la fin de la période d'instruction.

. . . .

Programme des connaissances exigées des candidats au grade de sous-lieutenant de réserve et de sous-lieutenant dans l'armée territoriale.

INFANTERIE

1° Examen théorique.

Manœuvres. — École de soldat et de compagnie. (Règlement du 29 juillet 1884, modifié par décision du 3 janvier 1889.)

Tir. — Règlement du 1ᵉʳ mars 1888 sur l'instruction du tir. Instruction sur l'armement et les munitions (1ʳᵉ partie).

Service intérieur (1). — Règlement du 28 décembre 1883 sur le service intérieur des troupes d'infanterie.

Service des places (1). — Règlement du 23 octobre 1883 sur le service dans les places de guerre et les villes de garnison.

Service en campagne (1). — Règlement du 26 octobre 1883 sur le service des armées en campagne et instruction du 9 mai 1885 sur le service de l'infanterie en campagne.

Transport des troupes par les voies ferrées. — Instruction spéciale pour le transport des troupes d'infanterie.

Administration et comptabilité d'une compagnie et d'un détachement, en temps de paix et en campagne.

Législation. — Principales dispositions des lois sur le recrutement, l'organisation et les cadres de l'armée et des décrets des 31 août 1878, 3 février 1880, 31 juillet 1881 et 25 juin 1888, sur l'état et l'avancement des officiers de réserve et de l'armée territoriale.

Dispositions relatives aux hommes de la réserve et de l'armée territoriale.

Notions sommaires de fortification passagère. — Nomenclature et usage des outils en campagne.

Divers retranchements employés (abri et trou de tirailleurs, tranchée-abri; retranchement rapide, ordinaire). Tracé, dimensions des ateliers; conduite du travail.

Revêtements. — Gabions, fascines, gazon; défenses accessoires. (Abatis, réseau de fil de fer, palissades.)

Organisation défensive des obstacles qui se trouvent à la surface du sol, — organisation défensive d'une maison. — Emploi des explosifs pour renverser un mur, un arbre, une porte.

---

(1) Devoirs et attributions des officiers subalternes, des sous-officiers, des caporaux et des soldats.

Notions de topographie. — Lecture des cartes, leur emploi sur le terrain, reconnaissances.

2° Examen pratique.

Application sur le terrain des connaissances théoriques en ce qui concerne le règlement des manœuvres, le service en campagne.

CAVALERIE

1° Examen théorique.

Manœuvres. — Décret du 31 mai 1882 portant règlement sur les exercices de la cavalerie. Titre Ier, art. I, II, III, moins les deux derniers paragraphes ; — art IV, § 1, 3, 4, 5, 6 ; — art. V, § 8 ; — art. VI, VII.

Titre II. Titre III, moins l'école de régiment.

Service intérieur (1). — Troupes de cavalerie (28 déc. 1883).

Service des places (1). — (23 octobre 1883.)

Service en campagne (1). — Instruction pratique sur le service de la cavalerie en campagne (10 juillet 1884).

Hippologie. — Extérieur. — Tares. — De l'âge. — Robes. — Signalements. — Aplombs. — Ferrure ordinaire. — Symptômes permettant de reconnaître qu'un cheval est malade et premiers soins à lui donner. — Traitement des blessures produites par le harnachement et les coups de pied.

Topographie. — Lecture des cartes, leur emploi sur le terrain. Reconnaissances. — Levé à vue.

Tir. — Règlement du 17 août 1884 (troupes de cavalerie). Première partie. — Chap. Ier, chap. II : art. III et IV, chap. III : art. VII et VIII.

---

(1) Devoirs et attributions des officiers subalternes, des sous-officiers, des brigadiers et cavaliers.

Deuxième partie. — Chap. Ier et III.

Transport des troupes par les voies ferrées. — Règles militaires relatives à l'exécution des transports de cavalerie.

Administration et comptabilité d'un escadron et d'un détachement, en temps de paix et en campagne.

Législation. — (Voir le programme de l'infanterie.)

Notions sommaires de fortification passagère. — Organisation des tranchées-abris et des trous de tirailleurs. — Organisation de coupures et de barricades avec flanquements pour la défense d'un défilé. — Mise en état de défense des murs de clôture, haies, barricades, maisons, fermes, entrées de village, routes, bois.

2° Examen pratique.

École du cavalier et du peloton à pied. — École du cavalier et du peloton à cheval. — Commandement d'un peloton dans l'escadron. — Application sur le terrain des connaissances théoriques, en ce qui concerne le service en campagne. — Équitation. — Escrime.

ARTILLERIE

1° Instruction théorique et pratique.

Instruction à pied. — École de la section à pied.

Instruction à cheval. — École du peloton à cheval.

Aptitude à l'équitation. — Cette aptitude est caractérisée sur le mémoire de proposition par une cote de 0 à 20, indépendamment de l'appréciation d'ensemble sur l'aptitude du candidat aux différents emplois ou au service dans les diverses subdivisions de l'arme.

Règlements sur les manœuvres de batteries attelées. — Titres I, II, III.

Instruction d'artillerie. — Règlement sur le service des bouches à feu de 80 et de 90 millimètres. — Règlement sur le service des bouches à feu de siège et de place (ce qui est exigé des sous-officiers dans les régiments de campagne (1).

Instruction sur la formation des pointeurs.

Cours spécial.

2° Règlements.

Bases générales de l'instruction (2).

Service intérieur (2).

Service dans les places (2).

Service des armées en campagne (2). — Service de l'artillerie.

3° Connaissances diverses.

Hippologie.

Notions élémentaires de fortification. — Tranchées-abris. — Retranchements et ouvrages du champ de bataille. — Défenses accessoires. — Organisation d'ensemble des grandes forteresses. — Ouvrages détachés. — Locaux divers. — Batteries. — Installation de l'artillerie.

Topographie. — Lecture des cartes. — Leur emploi sur le terrain. — Reconnaissances.

Administration et comptabilité d'une batterie en temps de paix et en campagne.

Législation et administration militaires. — (Voir le programme de l'infanterie.) Règlement sur le service des officiers d'approvisionnement.

TRAIN DES EQUIPAGES MILITAIRES

1° Instruction théorique et pratique.

Instruction à pied. — École de la section à pied.

Instruction à cheval. — École du peloton à cheval.

---

(1) Les candidats provenant des sous-officiers de l'artillerie de forteresse seront spécialement examinés sur ce règlement.

(2) Devoirs et attributions des officiers subalternes, des sous-officiers des brigadiers et des canonniers.

Le candidat est également examiné au point de vue de l'équitation. Son aptitude est caractérisée sur le mémoire de proposition par une cote de 0 à 20.

Règlement sur la conduite des voitures et des animaux de bât.

2° Règlements.

Bases générales de l'instruction (1).

Service intérieur (1).

Service des armées en campagne (1).* — Service spécial du train.

Service dans les places de guerre et les villes de garnison (1).

3° Connaissances diverses.

Hippologie.

Notions élémentaires de fortification. — Tranchées-abris. — Retranchements et ouvrages du champ de bataille. — Organisation défensive des localités. — Défenses accessoires. — Organisation d'ensemble des grandes forteresses. — Ouvrages détachés. — Locaux divers.

Topographie. — Lecture des cartes, leur emploi sur le terrain. — Reconnaissances.

Administration et comptabilité d'une compagnie et d'un détachement en temps de paix et en campagne.

Législation et administration militaires. — (Voir le programme de l'infanterie). — Règlement sur le service des officiers d'approvisionnement.

GÉNIE

1° Examen théorique.

1° *Règlement sur le service intérieur.* — Instruction du 15 mai 1886 relative à l'application aux troupes du génie des décrets du 28 décembre 1883.

---

(1) Devoirs et attributions des officiers subalternes, des sous-officiers, des brigadiers et des soldats.

2° *Travaux techniques et pratiques du génie aux armées.* — Connaissances enseignées aux sous-officiers dans les régiments du génie, fortification de campagne, sapes, mines, routes, chemins de fer, ponts militaires. Travaux des camps.

3° *Notions succinctes sur la fortification permanente.* — Explication du profil d'un rempart. — Flanquement des fossés. — Organisation du parapet pour le tir de l'infanterie et de l'artillerie. — Abris.

Organisation et rôle des diverses parties d'un camp retranché. — Organisation et rôle d'un fort isolé.

4° *Chargement des voitures de sapeurs-mineurs et des animaux de bât.*

2° Examen pratique.

Comme pour l'infanterie, et en sus :

Savoir organiser des ateliers de travailleurs et les disposer pour l'exécution des retranchements les plus usuels.

Extrait du règlement ministériel du 9 novembre 1890 déterminant les conditions imposées aux dispensés visés par les articles 21, 22 et 23 de la loi du 15 juillet 1889, pour être admis à concourir pour le grade de sous-lieutenant de réserve.

ARTICLE PREMIER.

Les jeunes gens visés par les articles 21, 22 et 23 de la loi du 15 juillet 1889 sont incorporés, autant que possible, dans les corps de troupes les plus voisins de leur domicile. Ils sont soumis à toutes les obligations imposées aux hommes présents sous les drapeaux.

ART. 2.

Ceux de ces militaires qui sont jugés susceptibles de recevoir de l'avancement sont instruits avec les élèves-caporaux ou brigadiers et peuvent être promus au grade de caporal ou de brigadier.

Toutefois, les promotions dont ils sont l'objet sont calculées de manière à ne pas compromettre pour l'avenir le recrutement des cadres du corps.

Art. 3.

Pendant les derniers mois de leur séjour sous les drapeaux, ceux d'entre eux, gradés ou non, qui paraissent présenter des garanties d'instruction et d'aptitude nécessaires pour devenir officiers de réserve, suivent des cours spéciaux destinés à compléter leurs connaissances professionnelles.

Art. 4.

Avant leur renvoi dans leurs foyers, ceux qui satisfont à un examen de fin d'année reçoivent un certificat d'aptitude au grade de sous-officier, et le grade de caporal ou de brigadier est conféré aux titulaires de ce certificat, s'ils n'y ont déjà été promus.

Ce certificat ne leur confère d'ailleurs aucun droit au grade de sous-lieutenant de réserve.

Art. 5.

Pendant la période d'exercices de quatre semaines à laquelle sont astreints les dispensés de l'article 23, quelques nominations de sous-officiers sont faites dans les limites fixées par le ministre, parmi les caporaux ou brigadiers pourvus du certificat d'aptitude.

. . . .

Art. 7.

Au cours de leur deuxième année de service dans la réserve, les sous-officiers nommés dans ces conditions qui désirent concourir pour le grade d'officier de réserve accomplissent, par devancement d'appel, une période d'instruction pendant laquelle ils subissent l'examen prévu par l'instruction du 2 juillet 1889 et sont proposés, s'il y a lieu, pour sous-lieutenants de réserve. Ils sont classés par corps de troupes d'après les résultats de l'examen.

Le nombre des propositions est limité par le ministre, d'après le chiffre des emplois auxquels il doit être pourvu chaque année.

Art. 8.

Les nominations sont faites suivant les besoins et les sous-lieutenants de réserve promus sont affectés, en principe, au corps de troupe dans lequel ils ont servi antérieurement et où ils ont accompli leurs différentes périodes d'exercices.

Art. 9.

Les programmes d'instruction et les conditions dans lesquelles ils sont appliqués font l'objet de prescriptions spéciales à chaque arme.

Extrait de la note ministérielle du 30 mai 1891 relative à l'application dans les corps de troupe d'infanterie du règlement du 9 novembre 1890.

. . . .

1º Les cours spéciaux prévus à l'article 3 du règlement du 9 novembre 1890 comprennent la législation et l'administration militaires, la fortification et la topographie. Ils sont faits par des officiers désignés par le chef de corps, d'après le programme annexé à l'instruction du 2 juillet 1889 et doivent être terminés à la fin du mois d'août au plus tard.

2º L'examen de fin d'année prévu à l'article 4 est subi devant une commission composée de trois officiers dont un officier supérieur, président, désignés par le chef de corps.

Il porte sur toutes les matières du programme.

. . . .

Circulaire ministérielle du 1ᵉʳ mars 1893 relative à la période d'instruction à accomplir, avant leur passage dans la réserve, par les dispensés en vertu de l'article 23 de la loi du 15 juillet 1889.

Les jeunes gens dispensés en vertu de l'article 23 de la loi du 15 juillet 1889, devant accomplir pour la première fois cette année la période à laquelle ils sont astreints avant de passer dans la réserve de l'armée active, j'ai arrêté, en vue de cet appel, les dispositions suivantes, applicables également aux militaires dispensés en vertu des articles 21 et 22 qui, pourvus du certificat d'aptitude au grade de sous-officier manifesteraient l'intention de concourir ultérieurement pour celui d'officier de réserve.

Les dispensés appartenant à ces diverses catégories, à l'exception de ceux qui, se destinant aux carrières ecclésiastique ou médicale, ont été affectés aux sections d'infirmiers et qui doivent y accomplir leurs périodes d'instruction, seront convoqués dans les régiments d'infanterie, où ils ont accompli leur première année de service.

Afin de rester dans l'esprit du règlement ministériel du 9 novembre 1890 et de la circulaire du 29 décembre de la même année sur le recrutement des officiers de réserve, des ordres seront donnés pour que ceux de ces jeunes gens, appartenant à la classe 1889 et pourvus du certificat d'aptitude précité, qui auraient été placés dans un autre corps que celui où ils ont été instruits pendant leur première année de service, soient désaffectés et replacés dans ce dernier corps.

Dans le même but, il y aura lieu, à l'avenir, de maintenir au corps d'origine, au moment de leur passage dans la disponibilité, tous les dispensés qui auraient obtenu le certificat d'aptitude au grade de sous-officier.

Les dispensés ne prendront pas part aux grandes manœuvres.

Ils seront groupés sous les ordres d'un cadre choisi, proportionné à leur effectif, et qui leur sera affecté pendant toute la période.

Cette première période d'instruction sera employée à la revision aussi complète que possible des matières qui leur ont été enseignées pendant leur séjour sous les drapeaux (note ministérielle du 30 mai 1891).

On s'attachera de préférence à développer chez eux l'aptitude au commandement.

A la fin de la période, il sera passé un nouvel examen devant une commission, désignée par le chef de corps, dans les conditions indiquées par la note ministérielle du 30 mai 1891.

Après cet examen, les chefs de corps pourront nommer sous-officiers ceux qu'ils jugeront aptes à concourir plus tard pour le grade de sous-lieutenant de réserve.

Les sous-officiers ainsi promus auront à préparer, pour la période qu'ils auront à accomplir, en vertu des dispositions de l'article 7 du règlement du 9 novembre 1890, un programme comportant toutes les connaissances que doit posséder un officier de réserve, conformément à l'Instruction du 2 juillet 1889.

IMPRIMERIE ET LIBRAIRIE CENTRALES DES CHEMINS DE FER.
IMPRIMERIE CHAIX, RUE BERGÈRE, 20, PARIS. — 11930-5-93. — (Encre Lorilleux).